캠핑카 타고 매콤 짭조름 새콤달콤한

우리 음식 여행

김인혜 글 · 조윤주 그림

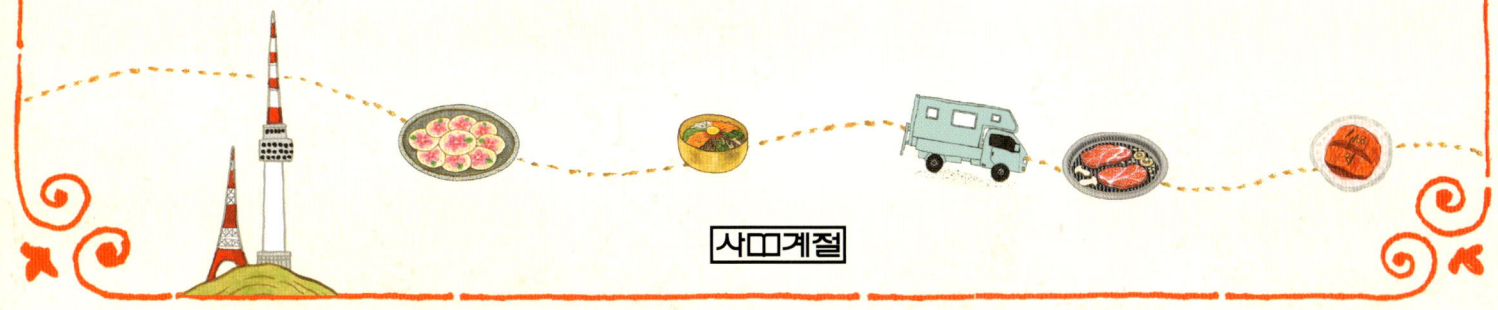

사계절

- **짠맛**: 간장, 소금 같은 짭조름한 맛.
- **단맛**: 설탕이나 꿀과 같은 당분의 맛. 기분이 좋아지는데 너무 달면 어지러움.
- **신맛**: 레몬, 식초처럼 시큼한 산의 맛.
- **쓴맛**: 고들빼기, 씀바귀처럼 쓸쓸한 맛.
- **감칠맛**: 고기나 해산물 육수, 치즈 등에서 주로 나는 맛. 계속 먹고 싶게 하는 맛.

안녕? 나는 요리를 좋아하는 정식이야. 우리 아빠는 요리사이고, 엄마는 영양사이지. 우리 가족은 캠핑카를 타고 지방 곳곳의 맛있는 음식들을 찾아다닐 거야. 우리와 함께하지 않을래?

맛이란 무엇일까?

세상에는 엄청나게 많은 맛이 있어. 그런데 우리가 실제로 느낄 수 있는 맛은 다섯 가지뿐이래. 나머지는 향이 결정하는 거고. 향이 결정적이긴 하지만 식감도 중요해. 바삭하고, 부드럽고, 쫀득하고······.

새로운 맛을 자꾸 느껴 보는 건 굉장히 중요해. 무궁무진한 맛에 대해서는 같이 더 탐구해 보자. 그건 그렇고, 혹시 우리의 주식에 대해 생각해 본 적 있어? 우리 아빠에게 알려 달라고 하자.

우리는 밥을 주로 먹어요!

우리 아빠는 밥을 정말 잘 지어.

"아빠, 궁금한 게 있는데요, 우리의 주식은 밥인 거지요?"

"그렇지. 주로 먹는 음식이니까. 빵이나 고기가 주식인 나라도 있는데 우리나라는 역시 밥이지. 예전에는 쌀이 참 귀했어. 그래서 어쩔 수 없이 잡곡밥을 먹었는데 요새는 건강을 생각해서라도 쌀로만 밥을 짓지는 않지."

잡곡밥 보리, 콩, 팥, 기장, 조 등 잡곡을 자유롭게 섞어 짓는 밥.

비빔밥 밥 위에 나물과 고기를 얹어 고루 섞어 먹는 밥.

꽁보리밥 보리로만 지어서 밥알이 나풀나풀 흩어지는 게 별미인 밥.

별미밥 홍합, 굴, 간 고기 등을 넣고 짓는 밥.

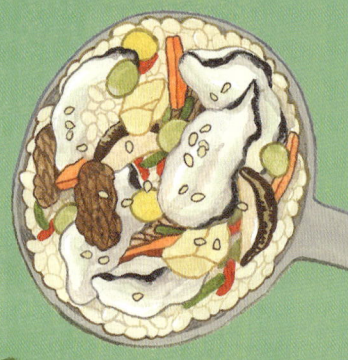

찰밥 쫀득쫀득한 찹쌀*을 섞어 짓는 밥.

*찹쌀: 찰벼를 찧은 쌀. 떡이나 죽에 주로 쓴다.

채소밥 콩나물이나 곤드레, 쑥 등 나물을 넣어 짓는 밥.

견과류밥 고소한 땅콩이나 호두, 잣 같은 견과류를 넣어 짓는 밥.

감자밥, 고구마밥 감자나 고구마를 넣어 짓는 밥.

"쌀을 잘 골라야 해. 언제 생산된 쌀인지, 벼의 껍질을 언제 벗긴 쌀인지, 또 얼마나 많이 벗겼는지, 쌀의 종류는 무엇인지에 따라 맛이 달라지거든. 수확한 지 얼마 되지 않은 쌀로 지은 밥이 윤택이 나고 쫀득쫀득해. 물론 영양가도 많고. 그리고 껍질을 벗긴 지 오래되지 않아야 촉촉하고."

정식이 아빠의 밥 맛있게 짓는 비법

먼저 쌀을 씻을 때 좋은 물을 써야 해. 바짝 마른 쌀이 이때 대부분의 물을 흡수하거든.

씻은 쌀을 30분에서 1시간 정도 물에 담가 두면 촉촉해져.

밥 지을 때 물의 양은 쌀 부피의 1.2배 정도, 압력 밥솥을 쓰면 더 맛있어. 이때 불 조절이 중요해.

물이 끓을 때까지는 강한 불을 쓰고,

끓기 시작하면 중간 불을 써서 물이 충분히 흡수되게 해.

투명하게 윤이 나기 시작하면 약한 불로 뜸 들이기.

참, 밥이 다 되면 주걱으로 잘 뒤집어 줘야 해.

밥알 사이사이로 공기가 들어가지 않으면 밥이 떡처럼 굳어지거든.

회 쇠고기, 생선 등을 날것으로 썰어 낸 음식.

튀각 찹쌀 풀을 안 바르고 그대로 튀긴 것은 튀각.

부각 다시마, 고추 등의 야채에 간을 해서 말렸다가 찹쌀 풀을 발라 튀긴 것.

구이 불에 직접 굽는 음식.

전 기름을 두르고 지지는 음식.

찌개 물을 적게 넣고 끓여 국보다는 건더기가 많은 음식.

전골 고기, 해물, 버섯, 채소 등을 한 그릇에 담고 육수를 부어 바로 끓여 먹는 음식.

> *발효란?
> 우유에 유산균을 넣고 온도를 맞추면 요구르트로 변하는 것처럼 음식의 성분이 새롭게 변하면서 맛과 영양이 살아나는 과정이야.

반찬을 같이 먹어요!

밥에 대한 설명을 끝낸 아빠는 부식에 대해 알려 주겠다며 아빠가 일하는 식당에 데리고 갔어. 부식이 뭐냐고? 밥에 곁들여 입맛을 돋우고 영양을 보충하는 거야. 반찬이라고도 하지. 사실 전부터 아빠네 식당의 사장님이 우리 가족에게 제대로 한상 차려 주겠다고 벼르셨거든. 우아, 반찬의 가짓수가 이렇게나 많구나.

찜 수증기와 열로 익히는 음식. 갈비찜은 뚜껑을 덮고 수증기로 익힘.

조림 간장에 넣고 바짝 조린 음식.

편육 쇠고기, 돼지고기 등을 삶은 뒤 꽉 눌러서 물기를 빼고 얇게 저민 음식.

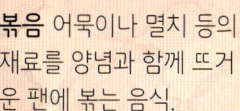

볶음 어묵이나 멸치 등의 재료를 양념과 함께 뜨거운 팬에 볶는 음식.

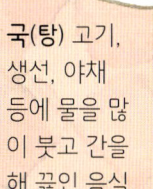

국(탕) 고기, 생선, 야채 등에 물을 많이 붓고 간을 해 끓인 음식.

밥(주식)

김치 소금에 절인 배추나 무 등을 고춧가루 등의 양념에 버무린 뒤 발효*시킨 음식.

장아찌 무, 마늘 등의 야채를 장에 절인 것.

젓갈 생선과 조개 등을 소금에 짜게 절여 발효시킨 것.

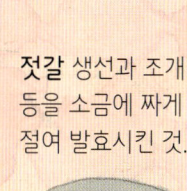

생채 무, 오이 등의 나물을 생으로 무친 것.

숙채 봄동이나 시금치 등의 나물을 익혀 무친 것.

수란·숙란 노른자를 익히지 않은 알 요리 수란, 전부 익힌 알 요리 숙란.

꿀(청)
벌이 꽃에서 모은 당분.

설탕
단맛이 나는 감미료. 백설탕은 깔끔한 맛, 흑설탕은 특유의 향.

겨자
갓의 씨를 말린 향신료. 짧고 강하게 톡 쏘는 매운맛.

젓갈
생선이나 조개류에 소금을 넣어 숙성시킨 것.

마늘
강하고 자극적인 향으로 잡내를 없애 줌.

파
향이 강해서 고기 누린내나 생선 비린내를 잡아 줌.

생강
향이 좋지만 특유의 매운맛이 강함.

계피
향긋한 육계나무의 껍데기.

산초 초피나무 열매의 껍질.

우리 음식에는 어떤 양념과 향신료가 들어갈까?

맛있는 음식은 기운을 북돋워 줘. 친구랑 다투거나 우울할 때, 맛있는 것을 먹으면 기분이 좀 나아지지 않니? 이럴 게 아니라 오늘은 우리랑 같이 시장에 가 보자. 반찬 재료도 사고 음식에 들어가는 기본양념과 향신료도 살펴보고 말이야.

계절마다 다양한 우리 음식

엄마는 요새 아빠에게 열심히 요리를 배우시는 중이야.

"아, 톳이 탱글탱글하게 씹히면서 고소한 게 제 맛이에요."

"이 엄마가 나물을 끝내주게 무치지. 지금 톳이 제철이거든."

달력을 보던 아빠는 슬슬 절기 음식을 챙겨야겠다고 했어. 우리 조상들은 예부터 시기에 맞는 제철 재료로 만든 음식을 먹으며 몸을 튼튼하게 챙겼대.

대표적인 절기와 계절 음식

1월
설날(음력 1월 1일)
새해의 첫날.

진달래 화전   쑥떡

진달래 화채

3월
삼짇날(음력 3월 3일)
강남 갔던 제비가 돌아온다는 날.

떡국

정월대보름(음력 1월 15일)
새해 처음으로 보름달이 뜨는 날.
한해 농사가 잘 되기를 기원해.

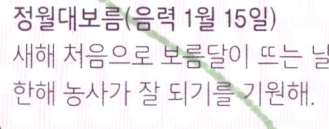
오곡밥

찬 음식(메밀국수)

4월
한식(동지로부터 105일째 되는 날, 양력 4월 5일경)
찬 음식을 먹는 날.

찹쌀에 대추, 밤 등을 섞어 찐 **약식**   지난해 말려 둔 묵은 **나물 무침**

학교 앞 문방구에서 슬러쉬 팔기 시작!

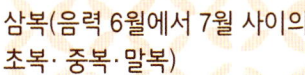  

6~7월

삼복(음력 6월에서 7월 사이의 초복·중복·말복)
한해 중 가장 더운 기간. 더위에 지친 체력을 회복하기 위해 영양가 높은 음식을 먹어.

쇠고기로 얼큰하게 끓인 **육개장**

오골계와 약재를 함께 넣어 푹 곤 **삼계탕**

겨울엔 역시 붕어빵과 호빵
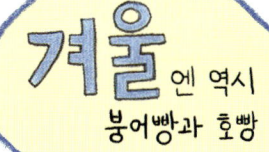

추석(음력 8월 15일)
수확의 날 한가위. 감사의 뜻으로 추석빔으로 예쁘게 차려입고 올해의 수확물을 조상에게 올려.

8월

동지(양력 12월 22~23일)
일 년 중 밤이 가장 길고 낮이 짧은 날.

햇과일

햇콩밥

동지 팥죽

햅쌀로 만든 **오려송편**

토란을 살짝 삶아 다시마, 쇠고기를 함께 끓인 맑은 **토란탕**

12월

떡은 여전히 맛있는 전통 간식!

이야, 엄마가 그러는데 조금 있으면 캠핑카가 완성될 거래. 아빠는 캠핑카가 오면 시루떡을 쪄서 간단하게 고사를 지내자고 했어. 긴 여행, 무사히 다녀올 수 있도록 말이야. 떡은 참 신기해. 뽀얗기만 했던 쌀이 이렇게 갖가지 색과 모양으로 변신하다니. 요즘은 떡 안이나 겉에 치즈, 초콜릿, 블루베리 잼, 빵가루 등 색다른 재료들을 써서 더 다양하게 변신 중이야.

찌는 떡 (수증기로 찌는 떡)

백설기 멥쌀*가루에 설탕물과 꿀을 내려 시루*에 안쳐 찌는 떡. 백일이나 돌잔치 때 만나는 떡.

시루떡 시루 안에 멥쌀가루나 찹쌀가루를 넣고 팥, 녹두, 깨 등을 얹어서 찌는 떡.

증편(술떡) 멥쌀가루에 막걸리를 넣어 발효시킨 떡.

두텁떡 임금님 생신 떡. 간장과 꿀로 간하고 잣, 호두, 유자, 밤 등 다양한 재료로 만들어.

지지는 떡 (기름에 지지는 떡)

화전 계절에 피는 꽃으로 모양을 낸 떡.

주악 떡을 꾸미기 위해 만드는 떡.

부꾸미 수수가루 등의 반죽 안에 팥, 계피꿀 등을 넣어 반달 모양으로 지져 만든 떡.

치는 떡 (절구나 판에 놓고 떡메*로 치는 떡)

인절미 찹쌀가루를 시루에 찌고 떡메로 쳐서 적당한 크기로 자른 다음 고물을 묻힌 떡.

절편 시루에 찐 설기를 떡메로 치고 떡살*로 문양을 찍은 떡.

가래떡 떡국 떡. 멥쌀가루를 반죽해 찐 다음 둥글려서 길고 가늘게 만들어.

*멥쌀: 메벼를 찧은 쌀. 우리가 보통 먹는 쌀.
*시루: 떡이나 쌀을 찌는 데 쓰는 둥근 질그릇.
*떡메: 떡을 만들기 위해 찐 쌀을 치는 도구.
*떡살: 떡을 눌러 갖가지 무늬를 찍는 판.

빚는 떡(손으로 빚는 떡)

경단 찹쌀가루 등을 반죽해 소를 넣고 동그랗게 빚어 삶아 낸 후 고물을 묻힌 떡.

단자 찐 찹쌀가루를 빚어 채 썬 석이버섯, 대추, 밤 등을 고물로 묻힌 떡.

해초의 영양과 맛, 김

김의 인기는 대단해. 와사비, 불고기 등 다양한 맛의 김이 나오면서 간식으로 먹는 외국인들도 많아.

자매품 김스낵!

한국에서만 쓰는 쇠젓가락!

건강의 상징, 비빔밥

밥 위에 갖가지 나물과 고기볶음, 계란 프라이 등 각종 재료를 올려 고추장에 비벼 먹지. 색이 아름답고 영양가가 높아.

그리운 이

세계 사람들이

그리운 이네스에게,
안녕, 잘 지냈니? 손 편지 쓰는 거 좋아한다더니 정말이구나. 마띠으 아저씨도 건강하시지? 예전에 요리 학교 앞에서 다 같이 찍은 사진은 우리 집에 잘 걸려 있

채소의 영양과 맛, 부각

재료의 맛과 영양이 살아 있으면서 고소하고, 아삭거리는 식감이 매력적이야.

불닭라면 진짜 매워.

우리나라 발효 음식, 김치

한국 김치는 외국인에게 맵고 냄새가 강해 호불호가 갈리기도 해.

네스에세

좋아하는 우리 음식

단다. 네가 우리 집에 다녀간 지도 벌써 한 달이 되었네. 우편함에 전단지나 세금 고지서가 아닌 편지가 있으니까 기분이 정말 좋더라. 참, 학교 수업 시간에 한국 음식에 대해 소개할 거라고? 그렇다면 내가 좀 알려 줄게.

코리안 바비큐, 삼겹살

불판에 구워 먹는 돼지 뱃살. 칼집을 넣는 벌집 삼겹살이나 솔잎, 허브 등에 숙성시킨 삼겹살들이 등장하고 있지.

↙ 불판 달린 탁자는 인기 최고!

한류 열풍의 주역, 한국식 치킨

유명 한국 드라마에 등장하며 선풍적인 인기를 끈 한국식 치킨. 배달이 가능하고 양념의 종류가 다양해서 더욱 좋아해.

여름 대표 간식, 빙수

아시아 곳곳에서 먹는 간식이지만 한국식 빙수의 인기는 최고야. 얼린 우유를 갈아 고소한 콩가루와 달달한 팥, 쫄깃한 떡을 넣으면 환상의 조합.

안 매운 떡볶이

간장 양념과 버섯, 불고기 등을 더한 궁중떡볶이와 크림소스로 볶은 떡볶이 등 맵지 않은 떡볶이들이 제법 인기야.

호떡
호떡의 고향은 중국이야. 중국 호떡은 화덕에 넣고 굽는데 우리나라에 와서 무쇠 판에 기름을 두르고 지지는 것으로 바뀌었어.

꿀 흘림 주의보!

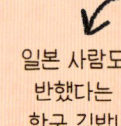

일본 사람도 반했다는 한국 김밥!

인스턴트 라면
인스턴트 라면의 원조는 일본. 간단하게 한 끼를 해결하기에 그만이지. 우리나라 사람들은 일주일에 1개 이상 라면을 먹는다는 통계가 있을 정도야.

족발
중국 향신료와 간장에 돼지고기를 조린 오향장육에 우리의 한약재를 더하면서 만들어진 것이 족발이야.

취향에 따라 고춧가루 팍팍!

이제는 우리 음식

나는 아빠에게 편지를 가지고 가서 프랑스어로 번역해 달라고 했어.
"이네스에게 인기 있는 우리 음식에 대해 소개해 주려고 쓴 거예요. 참, 호떡을 빼먹었네."
"아, 그런데 정식아, 호떡은 엄밀하게 말하자면 전통 음식은

짜장면
우리나라에 온 중국 사람들이 중국식 된장인 춘장에 야채와 고기를 볶아 국수와 비벼 먹었던 것이 짜장면의 시작이야.

중국

소스. 부어서 먹을 것인가! 찍어서 먹을 것인가!

탕수육
예전에 중국에서 영국 사람들의 입맛에 맞게 개발한 요리야. 지금 중국에서 탕수육은 보기 힘들고 꿔바로우가 유명해.

김밥
김밥은 일본의 김초밥에서 유래했어. 김초밥에 비해 김밥에는 시금치, 어묵, 달걀, 단무지, 당근, 쇠고기, 치즈, 고추 등 각종 재료들이 다양하게 들어가.

짬뽕
짬뽕은 일본에서 중국 요리법을 써서 개발한 음식이야. 일본의 짬뽕은 시원한 국물 맛, 한국의 짬뽕은 짠맛·단맛·매운맛을 동시에 내는 것을 중요시하지.

같은 세계 음식

아니야. 다른 나라에서 건너온 음식인데 우리 입맛에 맞게 계속 변하고 자리 잡은 거지. 사실 음식이나 문화 같은 건 계속해서 서로 영향을 주고받으니까 명확히 따지는 게 의미 없을 수도 있지만 말이야."

매울 때 혀에 대면 좋다!

단무지
단무지는 일본의 '다쿠앙'에서 유래했어. 일본에서는 말린 무를 써서 꼬들꼬들하고, 우리나라에서는 생무를 절여 아삭아삭해.

일본

막대 핫도그
미국에서 온 막대 핫도그는 옥수수 반죽으로 만들어서 미국에서는 '콘도그'라고 불러. 우리나라 핫도그는 재료도 다양하고 인기도 많아.

케첩

쭈욱 늘어나는 치즈

머스터드

오징어 먹물 반죽

미국

언제 어느 지역에서나 만날 수 있는 기본 거리 음식들

우리나라의 대표적인 거리 음식을 만나 보자!

자꾸 음식 이야기를 하니까 배가 출출해졌어. 간단하게 요기할 겸 푸드트럭 거리로 나갔지. 우리 가족은 거리 음식을 좋아해. 그 나라의 문화와 개성을 단번에 알 수 있으니까. 어쩌면 우리 생활에 가장 밀접하게 닿아 있는 음식이라고도 할 수 있지 않을까?

예쁘고 독특한 모양의 푸드 트럭과 다양한 음식

푸드 트럭에서는 최신 유행하는 음식들을 만나 볼 수 있어. 각국의 요리법이나 재료를 섞은 퓨전 음식, 아직 소개되지 않은 외국 음식 등 메뉴도 다채로워. 한번 볼래?

인기 짱 우리 음식

집에 돌아온 우리는 텔레비전을 켰어. 채널을 열심히 돌리시던 엄마는 인기 있는 우리 음식을 소개하는 프로그램에서 멈추며 한마디했지.
"확실히 문화가 다르면 입맛도 다른가 봐. 치즈를 좋아하는 내 친구도 너무 숙성된 건 먹기 힘들다 하더라고. 외국 사람들도 청국장이나 삭힌 홍어 같은 음식은 먹기 힘들겠지?"
"으악, 삭힌 홍어는 저에게도 먹기 어려운 음식이라고요!"

웩, 냄새가 너무 심해.

치즈
삭힌 홍어
청국장

특별히 맛있는 음식은 아닌데 왜 휴게소에 가면 뭐라도 먹어야 할 것 같을까요?

신나잖아. 기분이 좋으면 다 맛있으니까.

짜잔! 드디어 캠핑카가 완성되었어. 우아, 생각보다 더 근사하다! 드디어 우리의 여행이 시작되는구나. 이제 우리 가족은 각 지역을 돌아다니며 대표 음식을 맛볼 예정이야. 너무 많아서 전부 맛보는 건 어려울지 몰라. 그래도 기대된다!

서울 음식은 다양하고 경기도 음식은 소박해

드디어 서울을 출발해 경기도 광주에 도착. 여기는 아빠의 소꿉친구, 병득이 아저씨네 야. 경기도는 강, 바다, 산, 평야가 다 접해 있어서 음식 재료가 풍부해. 원래 경기도 음식이 양념을 많이 안 쓰고 짜지도 싱겁지도 않게 간을 한대. 아저씨가 우리 온다고 수원에서 갈비도 사 오셨어. 한 입 넣으니 사르르 녹는 것 같아. 부드럽고 정말 맛있다.

서울 대표 음식 설렁탕
소뼈와 고기를 넣고 푹 곤 탕으로 뽀얀 국물의 구수함과 감칠맛이 일품!

인천 차이나타운의 짜장면
100년이 넘는 전통을 자랑하는 차이나타운의 짜장면.

수원 갈비
해장국에 넣던 갈비를 양념을 재워 구우면서 유명해졌어.

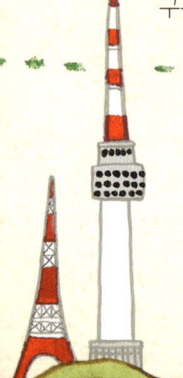

남양주 먹골배

연평도 꽃게

이천 쌀
물 좋고 땅 좋은 이천의 맛 좋은 쌀로
조선 시대부터 임금님께 바쳐졌대.

의정부 부대찌개
한국 전쟁 즈음 미군 부대에서
나온 햄과 소시지 등을 김치와
함께 넣고 끓인 찌개.

강화 순무김치
순무 특유의 알싸한 맛에 시원한
국물이 맛깔스러운 김치.

가평 잣

파주 장단콩

강원도 산나물 앞으로 마카 모이!
(모두 모여!)

굽이굽이 산을 넘으니 끝없이 펼쳐지는 강원도의 푸른 바다, 정말 좋구나! 잠시 숨을 돌린 우리 가족은 바로 속초 시장으로 갔어. 역시 시장에 가면 그 지역의 특산물을 한눈에 볼 수 있지. 강원도는 산이 많고 바다와 가까워서 밭작물과 해산물이 풍부해. 메밀전을 파는 아주머니가 맛보기를 주셨는데 은은한 메밀의 향과 고소한 기름 향이 입안에 가득했어. "삼삼한 게 맛있어요." 하고 엄지를 추어올려 보이자 '쪼그만 녀석이 그런 말도 아느냐'며 한참 웃으시더라고.

황태

태백 고랭지 배추

강릉 감자옹심이
감자를 갈아 동그랗게 빚어
멸치 육수에 끓인 음식.

횡성 한우
'사람보다 소가 많다'는 말이 있을
정도로 횡성은 소고기로 유명하지.

평창 메밀막국수
매콤 새콤한 양념장과 담백한 메밀 면의 어우러짐이 최고!

속초 오징어순대
돼지 내장 대신 오징어의 속을 야채, 두부 등으로 꽉 채운 속초의 명물.

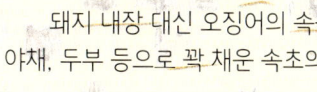

메밀

옥수수

정선 곤드레나물밥
높은 지대에서 자라는 곤드레 나물로 지은 밥. 부드럽고 담백하며 향긋해.

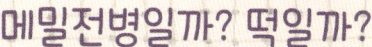

메밀전병일까? 떡일까?

경상도 메밀총떡의 속
무채, 표고버섯

제주도 빙떡의 속
무채

강원도 메밀전병의 속
김치, 돼지고기

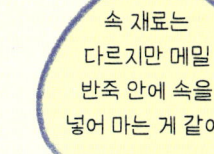

속 재료는 다르지만 메밀 반죽 안에 속을 넣어 마는 게 같아.

충청도 음식은 참 꾸밈없쥬!

아, 이런. 단양 근처에서 캠핑카가 고장이 났지 뭐야. 근처 마을 이장님의 도움으로 일단 초등학교 운동장으로 끌고 왔지. 이장님은 마을 회관으로 와서 밥부터 먹으라고 했어. 회관에 가 보니 손맛이 가득한 소박한 밥상이 차려져 있었어. 충청도 음식은 평범하고 꾸밈없는 것이 특징이래. 양념도 많이 안 쓰고. 왠지 건강해지는 느낌이야.

나는 족발의 친구!

광천 새우젓

짜글짜글 끓여 봐!

짜글이
양념한 돼지고기와 채소를 넣어 국물이 자작자작해질 때까지 끓인 찌개.

서산 어리굴젓

늙은호박국
늙은호박을 삶아 김치로 양념해서 먹는 새콤달콤한 국.

나는 우유의 친구!

논산 딸기

경상도 음식

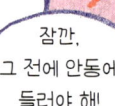

차도 다 고쳤겠다. 이제 부산으로 출발해 볼까요?

잠깐, 그 전에 안동에 들러야 해!

안동 간고등어
짜지 않으면서도 감칠맛 도는 담백함 때문에 인기가 많아.

간고등어는 꼭 먹어야지!

경상도 음식은 자극적이지만 자꾸 생각난단 말이지.

맞아요.

부산 밀면
고기 뼈를 고아 식힌 찬 육수에 쫄깃한 밀가루 반죽 면을 넣어 먹는 음식. 국수와 냉면 사이.

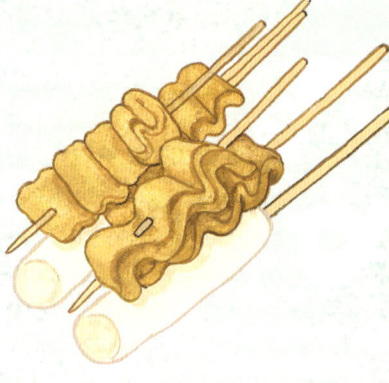

부산 어묵과 물떡
부산 어묵은 생선 살과 뼈, 껍질 등이 많이 들어가 풍미가 좋아. 어묵과 함께 파는 물떡도 인기 짱!

창원 복국
복어와 콩나물, 무 등을 넣어 맑게 끓인 국.

돼지국밥
돼지 뼈를 진하게 우린 육수에 돼지고기를 넣고 고춧가루, 새우젓 등으로 간을 한 국밥.

억쑤로 땡기네!
(엄청 먹고 싶네!)

우아, 밥 한 그릇 그냥 뚝딱이 겠어요.

경상도는 바다를 접하고 있어서 해산물이 풍부해.

산과 들이 있어 농산물은 물론 산나물도 많이 나지.

칼칼하고 감칠맛 도는 게 매력적이야. 자, 경상도에서도 먹거리 여행을 계속해 보자!

안동 식혜
시원하면서도 칼칼한 맛이 나는 빨간 식혜.

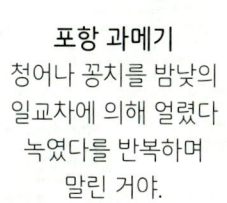

포항 과메기
청어나 꽁치를 밤낮의 일교차에 의해 얼렸다 녹였다를 반복하며 말린 거야.

재첩국
재첩을 끓인 뒤 부추와 간마늘, 소금 등을 넣어 간을 한 국. 담백, 시원!

↳ 재첩과의 작은 조개인 재첩.

울산 고래 고기
특유의 향이 있어 먹는 사람만 먹는다는 고기!

제주도랜 허민 해산물이주게!
(제주도 하면 해산물이지요!)

어느덧 우리 여행의 반환점인 제주도에 도착했어. 화산섬인 제주도는 쌀이 귀해서 콩, 보리, 조, 메밀, 고구마 등의 잡곡을 주로 길러. 잡곡을 이용한 요리도 많고. 물론 바다로 둘러싸여 있으니 해산물을 이용한 반찬이 많겠지? 국을 끓일 때 생선으로 맛을 내고 다른 양념보다 된장을 많이 써. 아름다운 풍경 속에서 먹어 그런지 뭘 먹어도 다 맛있네.

대표 음식

고기국수
흑돼지를 고아 낸 육수에
수육을 올려 먹는
고소한 국수.

몸국
돼지고기 삶은 육수에 미역귀와
모자반, 무, 메밀가루 등을 넣고
끓인 국. 고소하고 시원해.

자리돔물회
자리돔을 썰어서 된장, 고추장과
갖은 채소로 양념한 뒤 찬물을
부어 매콤 새콤하게 먹는 회.

특산물

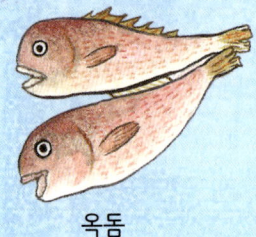
옥돔

전복

고등어

고사릿국
얇게 저민 고사리와 소고기를 마늘, 후추, 소금 등으로 양념해 볶다가 밀가루와 달걀을 푼 다음 간장과 물을 넣고 푹 끓인 국. 건더기 씹는 맛이 최고야.

고구마 빼때기
찐 고구마를 꾸덕꾸덕하게 말린 것. 죽으로 끓여 먹기도 해.

지역별 대표 미역국

소고기 미역국은 공통.
참치 미역국은 취향.

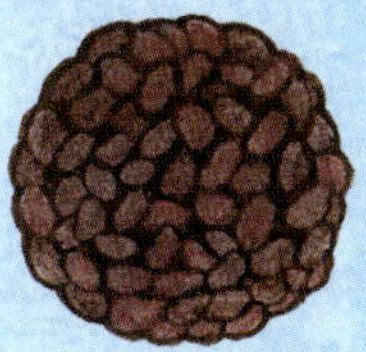

메밀

오메기떡

천혜향

제주도 — 성게 미역국

경상도 — 갈치 미역국

전라도 — 꽃게 미역국

강원도 — 우럭 미역국

전라도 음식이 짭짤해도 허벌나게 맛있어부러!

드디어 아빠의 스승, 맛집 할머니네 가게에 도착! 맛집 할머니는 오랫동안 한식 요릿집의 주방장으로 일하고 계셔. 전라도 음식은 각종 해산물, 기름진 논밭에서 나는 다양한 곡식과 과일, 나물, 채소 등 풍부한 재료가 많아 예부터 음식 문화가 발달했어. 음식 종류도 다양하고 맛이 뛰어나기로 소문났지. 맛있게 먹는 우리를 본 할머니는 이런저런 음식들을 챙겨 주셨어.

전라도 별미

취향에 따라 간 얼음을 추가한다!

콩국수

팥죽

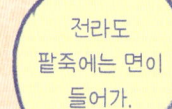

소금 대신 설탕으로 간하는 전라도의 **콩국수**와 **팥죽**.

전라도 팥죽에는 면이 들어가.

당면 순대 대신 피순대를 넣고, 고춧가루 양념을 한 전라도의 빨간 **순댓국**.

전라도 특산물

 무등산 **수박** 8~9월 제철

 나주 **배** 9~10월 제철

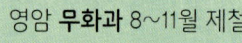 영암 **무화과** 8~11월 제철

 장성 **단감** 9~10월 제철

 진안 **곶감** 12~1월 제철

 구례 **산수유** 10월 제철

 광양 **매실** 5~6월 제철

 고흥 **유자** 11~12월 제철

 곡성 **사과** 10~12월 제철

 벌교 **딸기** 1~5월 제철

 무안 **양파** 7~9월 제철

 익산 **밤고구마** 8~10월 제철

 구례 **오이** 4~7월 제철

 화순 **파프리카** 5~7월 제철

 여수 **고들빼기** 9~10월 제철

전라도 스페셜

여수 갓김치
코끝이 알싸한 갓 특유의 향과
아삭함, 매콤함이 어우러진 김치.

강력 추천

광주 홍어무침
소금에 절인 무를 초고추장에 무친 다음,
납작하게 썬 홍어와 양파, 미나리, 풋고추 등을
넣어 버무린 것.

베스트

전주 콩나물국밥
뚝배기에 밥과 콩나물을 넣고
갖은 양념을 곁들여 펄펄 끓여 내.
감칠맛과 시원한 맛이 기막혀.

순천 짱뚱어탕
짱뚱어 삶은 국물에 된장을 풀고
무청 시래기, 애호박, 대파를 넣어
끓인 다음 간을 한 탕이야.

완도 **김** 사시사철	풍천 **장어** 5~7월 제철	보성 **녹차** 5~8월 제철
완도 **전복** 8~10월 제철	순천 **짱뚱어** 5~10월 제철	지리산 **고로쇠** 2~3월 제철
목포 **세발낙지** 9~2월 제철	보성 **꼬막** 11~3월 제철	화순 **꿀** 3~10월 제철
신안 **홍어** 11~4월 제철	영광 **굴비** 9~2월 제철	영암 **소금** 사시사철
군산 **꽃새우** 9~12월 제철	함평 **생굴** 9~12월 제철	장흥 **표고버섯** 3~9월 제철

남쪽 동무들도 북한 음식 맛보시라요!

서울로 돌아오는 길에 우리는 북한 음식을 잘하기로 유명한 음식점에 들렀어. 북한 음식은 재료 하나하나의 맛을 그대로 전하려고 애쓰는 편이래. 북한 음식을 처음 맛본 나는 너무 싱겁지 않나 싶었는데 희한하게 먹을수록 더 먹고 싶어지는 거야. 금세 한 그릇을 뚝딱 비웠어.

재령 복숭아

안변 감

평양 온반
닭이나 꿩, 쇠고기를 고아 우려낸 국물로 만든 장국밥.

해주비빔밥
밥 위에 닭고기와 여러 가지 나물 등을 얹어 맑은 간장으로 비벼 먹어.

함흥냉면
쫄깃쫄깃하게 삶아 낸 면을 차갑게 식혀 매콤하고 새콤달콤한 양념과 생선회를 얹어 먹어.

어복쟁반
쇠고기 편육과 야채를 놋쟁반에 담아 육수를 부어 가며 여럿이 함께 먹는 음식.

우아, 유경호텔이다.

이렇게 우리나라 곳곳을 들러 맛있다고 소문난 음식들을 맛보게 되었어.
그런데 가족과 함께 먹지 않았다면 이렇게까지 맛있을 수 있을까?
역시 세상에서 가장 맛있는 음식은 사랑하는 사람들과 함께 먹는 음식인
것 같아. 너희도 오늘 꼭 소중한 사람들과 맛있는 음식을 먹어 봐!

글 **김인혜**

적은 시간, 혹은 적지 않은 시간을 어린이 책을 만드는 데 보냈습니다. 음식은 우주만큼 신기합니다. 단순히 먹는 것 이상의 많은 것들을 담고 있기 때문입니다. 맛있는 음식을 먹고 감탄하는 사람들의 표정, 춤사위, 음미하는 모습 등을 좋아합니다. 이 외에 눈에 보이지 않는 것, 쓸모없다고들 하는 것, 남다른 것에도 관심이 많습니다.

그림 **조윤주**

동덕여자대학교에서 공예를 전공하고, 어린이들의 순수한 꿈과 창의적인 상상이 담긴 동화가 좋아서 책에 그림을 그리게 되었습니다. 그린 책으로는 《흑기사 황보찬일》, 《사라져라 불평등》, 《비밀 귀신》 등이 있습니다.

2019년 1월 28일 1판 1쇄
2025년 6월 2일 1판 5쇄

지은이 김인혜 | **그린이** 조윤주

편집 최일주, 이혜정, 김인혜 | **디자인** 민트플라츠 송지연 | **제작** 박흥기
마케팅 양현범, 이장열, 김지원 | **홍보** 조민희 | **인쇄** 로얄프로세스 | **제책** 책다움

펴낸이 강맑실 | **펴낸곳** (주)사계절출판사 | **등록** 제406-2003-034호
주소 (우)10881 경기도 파주시 회동길 252
전화 031)955-8588, 8558 | **전송** 마케팅부 031)955-8595, 편집부 031)955-8596
홈페이지 www.sakyejul.net | **전자우편** skj@sakyejul.com | **블로그** blog.naver.com/skjmail
페이스북 facebook.com/sakyejulkid | **인스타그램** instagram.com/sakyejulkid

ⓒ 김인혜, 조윤주 2019

값은 뒤표지에 적혀 있습니다. 잘못 만든 책은 구입하신 서점에서 바꾸어 드립니다.

사계절출판사는 성장의 의미를 생각합니다. 사계절출판사는 독자 여러분의 의견에 늘 귀 기울이고 있습니다.
이 책은 저작권법에 따라 보호받는 저작물이므로 무단전재와 복제를 금합니다.

979-11-6094-410-5 77590